EMF3-0056

J-POP
CHORUS PIECE

合唱楽譜＜J-POP＞

合唱で歌いたい！J-POPコーラスピース

女声3部合唱

恋人がサンタクロース

作詞・作曲：松任谷由実　　合唱編曲：西條太貴

••• 曲目解説 •••

ユーミンこと松任谷由実が1980年に発表したアルバム「SURF&SNOW」に収録されている楽曲です。J-POPクリスマスソングの定番として長年愛されており、松田聖子など、たくさんのアーティストにカヴァーされています。そんな名曲が、華やかなハーモニーを届ける女声3部の合唱楽譜になりました！クリスマスシーズンの演奏会では外せない一曲です♪

恋人がサンタクロース

作詞・作曲：松任谷由実　合唱編曲：西條太貴

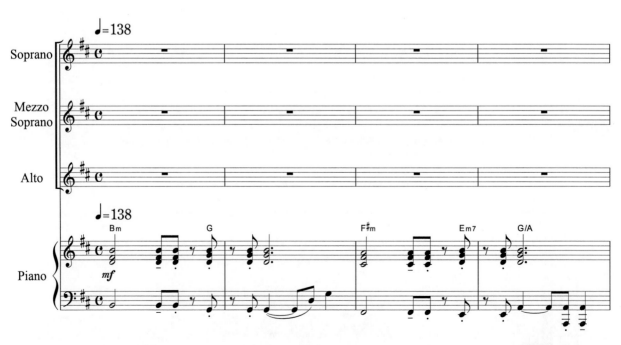

© 1980 by KIRARA MUSIC PUBLISHER

恋人がサンタクロース

作詞：松任谷由実

昔　となりのおしゃれなおねえさんは
クリスマスの日　私に云った
今夜　8時になれば　サンタが家にやって来る

ちがうよ　それは絵本だけのおはなし
そういう私に　ウィンクして
でもね　大人になれば　あなたもわかる　そのうちに

恋人がサンタクロース
本当はサンタクロース　つむじ風追い越して
恋人がサンタクロース
背の高いサンタクロース　雪の街から来た

あれから　いくつ冬がめぐり来たでしょう
今も彼女を　思い出すけど
ある日遠い街へと　サンタがつれて行ったきり

そうよ　明日になれば　私も　きっとわかるはず

恋人がサンタクロース
本当はサンタクロース　プレゼントをかかえて
恋人がサンタクロース
寒そうにサンタクロース　雪の街から来る
恋人がサンタクロース
本当はサンタクロース　つむじ風追い越して
恋人がサンタクロース
背の高いサンタクロース　私の家に来る

エレヴァートミュージックエンターテイメントはウィンズスコアが
展開する「合唱楽譜・器楽系楽譜」を中心とした専門レーベルです。

ご注文について

エレヴァートミュージックエンターテイメントの商品は全国の楽器店、ならびに書店にてお求めになれますが、店頭でのご購入が困難な場合、当社WEBサイト・電話からのご注文で、直接ご購入が可能です。

◎当社WEBサイトでのご注文方法

elevato-music.com

上記のURLへアクセスし、オンラインショップにてご注文ください。

◎お電話でのご注文方法

TEL.0120-713-771

営業時間内に電話いただければ、電話にてご注文を承ります。

※この出版物の全部または一部を権利者に無断で複製(コピー)することは、著作権の侵害にあたり、
著作権法により罰せられます。

※造本には十分注意しておりますが、万一、落丁・乱丁などの不良品がありましたらお取り替えいたします。
また、ご意見・ご感想もホームページより受け付けておりますので、お気軽にお問い合わせください。